Lb. 48 1919.

SIMPLE DISCOURS

DE PAUL LOUIS,

VIGNERON DE LA CHAVONNIÈRE,

AUX MEMBRES DU CONSEIL DE LA COMMUNE DE VERETZ,
DÉPARTEMENT D'INDRE ET LOIRE.

A L'OCCASION D'UNE SOUSCRIPTION PROPOSÉE PAR SON
EXCELLENCE LE MINISTRE DE L'INTÉRIEUR,

POUR L'ACQUISITION DE CHAMBORD.

PARIS,

CHEZ LES MARCHANDS DE NOUVEAUTÉS.

—

DE L'IMPRIMERIE DE A. BOBÉE, RUE DE LA TABLETTERIE, N° 9.
1821.

SIMPLE DICOURS

DE PAUL LOUIS.

Sɪ nous avions de l'argent à n'en savoir que faire, toutes nos dettes payées, nos chemins réparés, nos pauvres soulagés, notre église d'abord (car Dieu passe avant tout) pavée, recouverte et vitrée, s'il nous restait quelque somme à pouvoir dépenser hors de cette commune, je crois, mes amis, qu'il faudrait contribuer avec nos voisins à refaire le pont de Saint-Avertin, qui, nous abrégeant d'une grande lieue le transport d'ici à Tours, par le prompt débit de nos denrées, augmenterait le prix et le produit des terres dans tous ces environs; c'est là, je crois, le meilleur emploi à faire de notre superflu lorsque nous en aurons. Mais d'acheter Chambord pour le duc de Bordeaux, je n'en suis pas d'avis, et ne le voudrais pas quand nous aurions de quoi, l'affaire étant, selon moi, mauvaise pour lui, pour nous et pour Chambord. Vous l'allez comprendre, j'espère, si vous m'écoutez; il est fête, et nous avons le temps de causer.

Douze mille arpens de terre enclos que contient le parc de Chambord, c'est un joli cadeau à faire à qui les saurait labourer. Vous et moi connaissons des gens qui n'en seraient pas embarrassés, à qui cela viendrait fort bien ; mais lui, que voulez-vous qu'il en fasse ? Son métier, c'est de régner un jour, s'il plaît à Dieu, et un château de plus ne l'aidera de rien. Nous allons nous gêner et augmenter nos dettes, remettre à d'autres temps nos dépenses pressées, pour lui donner une chose dont il n'a pas besoin, qui ne lui peut servir et servirait à d'autres. Ce qu'il lui faut pour régner, ce ne sont pas des châteaux, c'est notre affection ; car il n'est sans cela couronne qui ne pèse. Voilà le bien dont il a besoin et qu'il ne peut avoir en même temps que notre argent. Assez de gens là-bas lui diront le contraire, nos députés tous les premiers, et sa cour lui répétera que plus nous payons, plus nous sommes sujets amoureux et fidèles, que notre dévouement croît avec le budget. Mais s'il en veut savoir le vrai, qu'il vienne ici, et il verra sur ce point-là et sur bien d'autres nos sentimens fort différens de ceux des courtisans. Ils aiment le prince en raison de ce qu'on leur donne, nous en raison de ce qu'on nous laisse ; ils veulent Chambord pour en être, l'un gouverneur, l'autre concierge, bien gagé, bien logé, bien nourri, sans faire œuvre ; et peu leur importe du reste. L'affaire sera toujours bonne pour eux, quand elle serait mauvaise pour le prince, comme elle l'est, je le soutiens ; acquérant de nos deniers pour un million de terres, il perd pour cent millions au moins de notre amitié : Chambord, ainsi payé, lui coûtera trop cher ; de telles acquisitions le ruineraient bientôt, s'il est vrai ce qu'on dit, que les rois ne sont riches que de l'amour des peuples. Le marché paraît d'or pour lui, car nous donnons et il reçoit : il n'a que la peine de prendre ; mais lui, sans débourser de fait, y met beaucoup du sien, et trop, s'il diminue son capital dans le cœur de ses sujets : c'est spéculer fort mal et se faire grand tort. Qui le conseille ainsi n'est pas de ses amis, ou, comme dit l'autre, mieux vaudrait un sage ennemi.

Mais quoi ! je vous le dis, ce sont les gens de cour dont l'imaginative enfante chaque jour ces merveilleux conseils ; ils ont plutôt inventé cela que le semoir de Fehlemberg, ou bien le bateau à vapeur. On a eu l'idée, dit le ministre, de faire acheter Chambord par les communes de France pour le duc de Bordeaux. On a eu cette pensée ! qui donc ? Est-ce le ministre ? il ne s'en cacherait pas, ne se contenterait pas de l'honneur d'approuver en pareille occasion. Le prince ? à Dieu ne plaise que sa première idée ait été celle-là, que cette envie lui soit venue avant celle des bonbons et des petits moulins ! Les communes donc apparemment ? non pas les nôtres que je sache, de ce côté-ci de la Loire, mais celles-là peut-être qui ont logé deux fois les Cosaques du Don. Ici nous nous sentons assez des bienfaits de la sainte-alliance, mais c'est toute autre chose là où on a joui de sa présence, possédé Sacken et Platow ; là naturellement on s'avise d'acheter des châteaux pour les princes, et puis on songe à refaire son toit et ses foyers.

Du temps du bon roi Henri IV, le roi du peuple, le seul roi dont il ait gardé la mémoire, pareils dons furent offerts à son fils nouveau né ; on eut l'idée de faire contribuer toutes les communes de France en l'honneur du royal enfant, et, de la seule ville de La Rochelle, des députés vinrent apportant cent mille écus en or, somme énorme alors. Mais le roi : C'est trop, mes amis, leur dit-il, c'est trop pour de la bouillie ; gardez cela, et l'employez à rebâtir chez vous ce que la guerre a détruit, et n'écoutez jamais ceux qui vous parleront de me faire des présens, car telles gens ne sont vos amis ni les miens. Ainsi pensait ce roi protecteur déclaré de la petite propriété, qui toute sa vie fut brouillé avec les puissances étrangères, et qui faisait couper la tête aux courtisans, aux favoris, quand il les surprenait à faire des notes secrètes.

Ceci soit dit, et, revenant à l'idée d'acheter Chambord, avouons-le, ce n'est pas nous, pauvres gens de village, que le ciel favorise de ces inspirations. Mais qu'importe, après tout ? un homme s'est rencontré, dans les hautes classes de la société, doué d'assez d'esprit pour avoir cette heureuse idée : que ce soit un courtisan fidèle, jadis pensionnaire de Fouché, ou un gentilhomme de Bonaparte employé à la garde-robe, c'est la même chose pour nous qui n'y saurions avoir jamais d'autre mérite que celui de payer. Laissons aux gens de cour, en fait de flatteries, l'honneur des inventions, et nous, exécutons ; les frais seuls nous regardent ; il saura bien se nommer l'auteur de celle-ci, demander son brevet, et nous suffisé à nous, habitans de Veretz, qu'il ne soit pas du pays.

Elle est nouvelle assurément l'idée que le ministre admire et nous charge d'exécuter. On avait vu de tels dons payer de grands services, des actions éclatantes. Eugène, Marlboroug, à la fin d'une vie toute pleine de gloire, obtinrent des nations qu'ils avaient su défendre, ces témoignages de la reconnaissance publique ; et Chambord même, sans chercher si loin des exemples, Chambord qu'on veut donner au prince pour sa layette, fut au comte de Saxe le prix d'une victoire qui sauva la France à Fontenoi. La France par lui libre, je veux dire indépendante, délivrée de l'étranger, au-dedans florissante, respectée au-dehors, fit présent de cette terre à son libérateur qui s'y vint reposer de trente ans de combats. Monseigneur n'a encore que six mois de nourrice, et il faut en convenir, de Maurice vainqueur au prince à la bavette, il y a quelque différence, à moins qu'on ne veuille dire peut-être que commençant sa vie où l'autre a fini la sienne, il finira par où Maurice a commencé, par nous débarrasser des puissances étrangères. Je le souhaite et l'espère du sang de ce Henri qui chassa l'Espagne de France ; mais le payer déjà, je crois que c'est folie, et n'approuve aucunement qu'il ait ses invalides avant de sortir du maillot. Récompenser l'enfant d'être venu au monde, comme le capitaine qui gagna des batailles, et par d'heureux exploits acquit à ce pays et la paix et la gloire, c'est ce qu'on n'a point vu, c'est là l'idée nouvelle, qui ne nous fût pas venue sans l'avis officiel. Pour inventer cela et mettre à la place des hulans du comte de Saxe les dames du berceau, il faut avoir non pas l'esprit, mais le génie de l'adulation, qui ne se trouve que là où ce genre d'industrie est puissamment encouragé ; ce trait sort des bassesses communes et met son auteur, quel qu'il soit, hors du gros des flatteurs de cour. Il se moque fort apparemment de ses camarades qui, marchant dans la route battue des vieilles flagorneries usées, ne savent rien imaginer ; on va l'imiter maintenant jusqu'à ce qu'un autre aille au-delà.

Quand le gouverneur d'un roi enfant dit à son élève jadis : Maître, tout est à vous ; ce peuple vous appartient, corps et biens, bêtes et gens, faites-en ce que vous voudrez, cela fut remarqué. La chambre, l'antichambre et la galerie répétèrent : Maître, tout est à vous, qui, dans la langue des courtisans, voulait dire tout est pour nous ; car la cour donne tout aux princes, comme les prêtres tout à Dieu, et ces domaines, ces apanages, ces listes civiles, ces budgets ne sont guères autrement pour le roi que le revenu des abbayes n'est pour Jésus-

Christ. Achetez, donnez Chambord, c'est la cour qui le mangera ; le prince n'en sera ni pis ni mieux. Aussi ces belles idées de nous faire contribuer en tant de diverses façons, viennent toujours des gens de cour, qui savent très-bien ce qu'ils font en offrant au prince notre argent. L'offrande n'est jamais pour le saint, ni nos épargnes pour les rois, mais pour cet essaim dévorant qui sans cesse bourdonne autour d'eux depuis leur berceau jusqu'à St. Denis.

Car après la leçon du sage gouverneur au temps dont je vous parle, bon temps comme vous savez, les princes ayant appris une fois et compris que tout était à eux, on leur enseignait à donner ; un précepteur abbé de cour, en lisant avec eux l'histoire, leur faisait admirer cet empereur Titus qui, dit-on, donnait à toutes mains, croyant perdu le jour qu'il n'avait rien donné, *qu'on n'alla jamais voir sans revenir heureux*, avec une pension, quelque gratification ou des coupons de rente ; prince adoré de tout ce qui avait les grandes entrées ou qui montait dans les carrosses. La cour l'idolâtrait ; mais le peuple ? le peuple ? il n'y en avait pas, l'histoire n'en dit mot. Il n'y avait alors que les honnêtes gens, c'est-à-dire les gens présentés ; c'était là le monde, tout le monde, et le monde était heureux. Faites ainsi, mon maître, vous serez adoré comme ce bon empereur ; la cour vous bénira, les poètes vous loueront, et la postérité en croira les poètes. Voilà les élémens d'histoire qu'on

enseignait alors aux princes. Peu de mention d'ailleurs de ces rois tels que Louis XII et Henri IV, en
leur temps maudits de la cour, pour n'avoir su donner comme d'autres faisaient si généreusement, si
magnifiquement, avec choix néanmoins. Donner au
riche, aider le fort, c'est la maxime du bon temps,
de ce bon temps qui va revenir tout à l'heure sans
aucun doute, à moins que jeunesse ne grandisse et
vieillesse périsse.

Mais la jeunesse croît chez nous et voit croître
avec elle ses princes; je dis avec elle, et je m'entends.
Nos enfans, plus heureux que nous, vont connaître
leurs princes élevés avec eux, et en seront connus.
Déjà voilà le fils aîné du duc d'Orléans, je sais cela
de bonne part et vous le garantis plus sûr que si les
gazettes le disaient, voilà le duc de Chartres au collége à Paris. Chose assez simple, direz-vous, s'il est
en âge d'étudier; simple sans doute, mais nouvelle
pour les personnes de ce rang. On n'a point encore
vu de princes au collége; celui-ci, depuis qu'il y a
des colléges et des princes, est le premier qu'on ait
élevé de la sorte, et qui profite du bienfait de l'instruction publique et commune; et de tant de nouveautés écloses de nos jours, ce n'est pas la moins
faite pour surprendre. Un prince étudier, aller en
classe, un prince avoir des camarades! Les princes
jusqu'ici ont eu des serviteurs, et jamais d'autre
école que celle de l'adversité, dont les rudes leçons
étaient perdues souvent. Isolés à tout âge, loin de

toute vérité, ignorant les choses et les hommes, ils naissaient, ils mouraient dans les liens de l'étiquette et du cérémonial, n'ayant vu que le fard et les fausses couleurs étalées devant eux; ils marchaient sur nos têtes, et ne nous apercevaient que quand par hasard ils tombaient. Aujourd'hui, connaissant l'erreur qui les séparait des nations, comme si la clef d'une voûte, pour user de cette comparaison, pouvait en être hors et ne tenir à rien, ils veulent voir les hommes, savoir ce que l'on sait, et n'avoir plus besoin de malheurs pour s'instruire; tardive résolution qui plus tôt prise leur eût épargné combien de fautes, et à nous combien de maux! Le duc de Chartres au collége, élevé chrétiennement et monarchiquement, mais je pense aussi un peu constitutionnellement, aura bientôt appris ce qu'à notre grand dommage ignoraient ses aïeux, et ce n'est pas le latin que je veux dire, mais ces simples notions de vérités communes que la cour tait aux princes, et qui les garderaient de faillir à nos dépens. Jamais de dragonnades ni de Saint-Barthélemy quand les rois, élevés au milieu de leurs peuples, parleront la même langue, s'entendront avec eux sans truchement ni intermédiaire; de jacquerie non plus, de ligues, de barricades. L'exemple ainsi donné par le jeune duc de Chartres aux héritiers des trônes, ils en profiteront sans doute. Exemple heureux autant qu'il est nouveau, que de changemens il a fallu, de bouleversemens, mais aussi que d'amendemens dans le monde pour amener là cet enfant! Et que dirait le grand roi, le roi des honnêtes gens, Louis-le-Superbe, qui ne put souffrir confondus avec la noblesse du royaume, ses bâtards même, ses bâtards! tant il redoutait d'avilir la moindre parcelle de son sang! que dirait ce parangon de l'orgueil monarchique, s'il voyait aux écoles, avec tous les enfans de la race sujette, un de ses arrière-neveux sans pages ni jésuites, suivre des exercices et disputer des prix, tantôt vainqueur, tantôt vaincu ; jamais, dit-on, favorisé ni flatté en aucune sorte, chose admirable au collége même (car où n'entre pas cette peste de l'adulation), croyable pourtant si l'on pense que la publicité des cours rend l'injustice difficile, qu'entre eux les écoliers usent peu de complaisance, peu volontiers cèdent l'honneur, non encore exercés aux feintes qu'ailleurs on nomme déférence, égards, ménagemens, ce qu'a produit l'horreur du vrai. Là, au contraire, tout se dit, toutes choses ont leur vrai nom et ont le même nom pour tous ; là tout est matière d'instruction, et les meilleures leçons ne sont pas celles des maîtres. Point d'abbé Dubois, point de Menins, personne qui dise au jeune prince : Tout est à vous, vous pouvez tout ; il est l'heure que vous voulez. En un mot, c'est le bruit commun qu'on élève là le duc de Chartres comme tous les enfans de son âge ; nulle distinction, nulle différence, et les fils de banquiers, de juges, de négocians n'ont aucun avantage sur lui, mais il en aura lui beaucoup, sorti de là, sur tous ceux qui n'auront pas reçu cette éducation. Il n'est, vous le savez, meilleure éducation que celle des écoles publiques, ni pire que celle de la cour. Ah! si au lieu de Chambord pour le duc de Bordeaux, on nous parlait de payer sa pension au collége (et plût à Dieu qu'il fût en âge, que je l'y pusse voir de mes yeux), s'il était question de cela, de bon cœur j'y consentirais et voterais ce qu'on voudrait, dût-il m'en coûter ma meilleure coupe de sainfoin : il ne nous faudrait pas plaindre de cette dépense; il y va de tout pour nous. Un roi ainsi élevé ne nous regarderait pas comme sa propriété, jamais ne penserait nous tenir à cheptel de Dieu ni d'aucune puissance.

Mais à Chambord, qu'apprendra-t-il? ce que peuvent enseigner et Chambord et la cour. Là tout est plein de ses aïeux. Pour cela précisément je ne l'y trouve pas bien, et j'aimerais mieux qu'il vécût avec nous qu'avec ses ancêtres. Là il verra partout les chiffres d'une Diane, d'une Château-briant, dont les noms souillent encore ces parois infectées jadis de leur présence. Les interprètes, pour expliquer de pareils emblêmes, ne lui manqueront pas, on peut le croire; et quelles instructions pour un adolescent destiné à régner! Ici Louis, le modèle des rois, vivait (c'est le mot à la cour) avec la femme Montespan, avec la fille Lavallière, avec toutes les femmes et filles que son bon plaisir fut d'ôter à leurs maris, à leurs parens. C'était le temps alors des mœurs, de la religion, et il communiait tous les jours. Par cette porte entrait sa maîtresse le soir, et le matin son confesseur. Là Henri faisait pénitence entre ses mignons et ses moines, mœurs et religion du bon temps ! Voici l'endroit où vint une fille éplorée demander la vie de son père, et l'obtint (à quel prix !), de François, qui là mourut de ses bonnes mœurs. En cette chambre un autre Louis.....; en celle-ci, Philippe..... sa fille....... oh mœurs ! oh religion ! perdues depuis que chacun travaille et vit avec sa femme et ses enfans. Chevalerie, cagotterie, qu'êtes-vous devenues? Que de souvenirs à conserver dans ce monument, où tout respire l'innocence des temps monarchiques ; et quel dommage c'eût été d'abandonner à l'industrie ce temple des vieilles mœurs, de la vieille galanterie (autre mot de cour qui ne se peut honnêtement traduire), de laisser s'établir des familles laborieuses et d'ignobles ménages sous ces lambris témoins d'innombrables débauches. Voilà ce que dira Chambord au jeune prince, logé là d'ailleurs comme l'était le roi François Ier, et comme aucun de nous ne voudrait l'être. Dieu préserve tout honnête homme de jamais habiter une maison bâtie par le Primaticcio. Les demeures de nos pères ne nous conviennent non plus aujourd'hui que leurs lois, et comme nous valons mieux qu'eux à tous égards, sans nous vanter trop, ce me semble, et à n'en juger seulement que par la conduite des princes, qui n'étaient pas, je crois, pires que leurs sujets ; vivant mieux de toute manière, nous voulons être et sommes en effet mieux logés.

Que si l'acquisition de Chambord ne vaut rien pour celui à qui on le donne, je vous laisse à penser pour nous qui le payons. J'y vois plus d'un mal, dont le moindre n'est pas le voisinage de la cour. La cour à six lieues de nous ne me plaît point. Rendons aux grands ce qui leur est dû, mais tenons-nous en loin le plus que nous pourrons, et ne nous approchant jamais d'eux, tâchons qu'ils ne s'approchent point de nous, parce qu'ils peuvent nous faire du mal et ne nous sauraient faire de bien. A la cour tout est grand, jusques aux marmitons. Ce ne sont-là que grands officiers, grands seigneurs, grands propriétaires. Ces gens qui ne peuvent souffrir qu'on dise mon champ, ma maison, qui veulent que tout soit terre, parc, château, et tout le monde seigneur ou laquais ou mendians ; ces gens ne sont pas tous à la cour. Nous en avons ici, et même c'est de ceux-là qu'on fait nos députés : à la cour il n'y en a point d'autres. Vous savez de quel air ils nous traitent, et le bon voisinage que c'est. Jeunes ils chassent à travers nos blés avec leurs chiens et leurs chevaux, ouvrent nos haies, gâtent nos fossés, nous font mille maux, mille sottises, et plaignez-vous un peu, adressez-vous au maire, ayez recours pour voir aux juges, au préfet, puis vous m'en direz des nouvelles quand vous serez sorti de prison. Vieux, c'est encore pis ; ils nous plaident, nous dépouillent, nous ruinent juridiquement, par arrêt de *Messieurs*, qui dînent avec eux, honnêtes gens comme eux, incapables de manger viande le vendredi ou de manquer la messe le dimanche, qui, leur adjugeant votre bien, pensent faire œuvre méritoire et recomposer l'ancien régime. Or dites, si un seul près de vous de ces honnêtes éligibles suffit pour vous faire enrager et souvent quitter le pays, que sera-ce d'une cour à Chambord, lorsque vous aurez là tous les grands réunis autour d'un plus grand qu'eux? Croyez-moi, mes amis, quelque part que vous alliez, quelque affaire que vous ayez, ne passez point par-là ; détournez-vous plutôt, prenez un autre chemin ; car en marchant, s'il vous arrive d'éveiller un lièvre, je vous plains. Voilà les gardes qui accourent. Chez les princes tout est gardé ; autour d'eux, au loin et au large, rien ne dort qu'au bruit des tambours et à l'ombre des bayonnettes, védettes, sentinelles, observent, font le guet ; infanterie, cavalerie, artillerie en bataille, rondes, patrouilles, jour et nuit ; armée terrible à tout ce qui n'est pas étranger. Les voilà : qui vive ? Wellington ; ou bien laissez-vous prendre et mener en prison. Heureux si on ne trouve dans vos poches un pétard. Ce sont-là, mes amis, quelques inconvéniens du voisinage des grands. Y passer est fâcheux, y demeurer impossible, à qui du moins ne veut être ni valet ni mendiant.

Vous seriez bientôt l'un et l'autre. Habitant près d'eux, vous feriez comme tous ceux qui les entourent. Là tout le monde sert ou veut servir. L'un présente la serviette, l'autre le vase à boire. Chacun reçoit ou demande salaire, tend la main, se recommande, supplie. Mendier n'est pas honte à la cour; c'est toute la vie du courtisan. Dès l'enfance appris à cela, voué à cet état par honneur, il s'en acquitte bien autrement que ceux qui mendient par paresse ou nécessité. Il y apporte un soin, un art, une patience, une persévérance, et aussi des avances, une mise de fonds ; c'est tout en tout genre d'industrie. Gueux à la besace, que peut-on faire ? Le courtisan mendie en carrosse à six chevaux, et attrappe plutôt un million que l'autre un morceau de pain noir. Actif, infatigable, il ne s'endort jamais ; il veille la nuit et le jour, guette le temps de demander comme vous celui de semer, et mieux. Aucun refus, aucun mauvais succès ne lui fait perdre courage. Si nous mettions dans nos travaux la moitié de cette constance, nos greniers chaque année rompraient. Il n'est affront, dédain, outrage ni mépris, qui le puissent rebuter. Éconduit, il insiste, repoussé il tient bon. Qu'on le chasse, il revient ; qu'on le batte, il se couche à terre. *Frappe, mais écoute* et donne. Du reste prêt à tout. On est encore à inventer un service assez vil, une action assez lâche, pour que l'homme de cour, je ne dis pas s'y refuse, chose inouie, impossible, mais n'en fasse point gloire et preuve de dévouement. Le dévouement est grand à la personne d'un maître. C'est à la personne qu'on se dévoue, au corps, au contenu du pourpoint, et même quelquefois à certaines parties de la personne, ce qui a lieu surtout quand les princes sont jeunes.

La vertu semble avoir des bornes. Cette grande hauteur qu'ont atteint certaines ames paraît en quelque sorte mesurée. Caton et Vashington montrent où peut s'élever le plus beau, le plus noble de tous les sentimens, c'est l'amour du pays et de la liberté. Au-dessus on ne voit rien. Mais le dernier degré de bassesse n'est pas connu, et ne me citez point ceux qui proposent d'acheter des châteaux pour les princes, d'ajouter à leur garde une nouvelle garde; car on ira plus bas, et eux-mêmes demain vont trouver d'autres inventions qui feront oublier celles-là.

Vous quand vous aurez vu les riches demander, chacun recevoir des annonces proportionnées à sa fortune, tous les honnêtes gens abhorrer le travail et ne fuir rien tant que d'être soupçonné de la moindre relation avec quiconque a jamais pu faire quelque chose en sa vie, vous rougirez de la charrue, vous renierez la terre votre mère et l'abandonnerez, ou vos fils vous abandonneront, s'en iront valet de valets à la cour, et vos filles pour avoir seulement ouï parler de ce qui s'y passe n'en vaudront guères mieux au logis.

Car imaginez ce que c'est. La cour... Il n'y a ici ni femmes ni enfans. Ecoutez. La cour est un lieu honnête si l'on veut, cependant bien étrange. De celle d'aujourd'hui, j'en sais peu de nouvelles; mais je connais, et qui ne connaît celle du grand roi Louis XIV? le modèle de toutes, la cour par excellence dont il nous reste tant de Mémoires, qu'à présent on n'ignore rien de ce qui s'y fit jour par jour. C'est quelque chose de merveilleux; car, par exemple, leur façon de vivre avec les femmes... Je ne sais trop comment vous dire. On se prenait, on se quittait, ou, se convenant, on s'arrangeait. Les femmes n'étaient pas toutes communes à tous; ils ne vivaient pas pêle-mêle. Chacun avait la sienne et même ils se mariaient. Cela est hors de doute. Ainsi je trouve qu'un jour, dans le salon d'une princesse, deux femmes au jeu s'étant piquées, comme il arrive, l'une dit à l'autre: Bon dieu, que d'argent vous jouez! combien donc vous donnent vos amans? Autant, répartit celle-ci, sans s'émouvoir, autant que vous donnez aux vôtres. Et la chronique ajoute : les maris étaient là. Elles étaient mariées; ce qui s'explique peut-être en disant que chacune était lafemme d'un homme, et la maîtresse de tous. Il y de pareils traits une foule. Ce roi eut un ministre entre autre, qui aimant fort les femmes, les voulut avoir toutes; j'entends celles de la cour qui en valaient la peine : il paya et les eut. Il lui en coûta. Quelques-unes se mirent à haut prix connaissant sa manie. Mais enfin il les eut toutes comme il voulut. Tant que voulant avoir aussi celle du roi; c'est-à-dire sa maîtresse d'alors, il la fit marchander; dont le roi se fâcha et le mit en prison. S'il fit bien c'est un point que je laisse à juger; mais on en murmura. Les courtisans se plaignirent. Le roi veut, disaient-ils, entretenir nos femmes, c...... avec nos sœurs, et nous interdire ses...... je ne vous dis pas le mot; mais ceci est historique, et si j'avais mes livres je vous le ferais lire. Voilà ce qui fut dit, et prouve qu'il y avait du moins quelque espèce de communauté, nonobstant les mariages et autres arrangemens.

Une telle vie, mes amis, vous paraît impossible à croire. Vous n'imaginez pas que dans de pareils désordres, une famille, une maison subsistent, encore moins qu'il y eût jamais un lieu où tout le monde se conduisît de la sorte. Mais quoi? ce sont des faits, et m'est avis aussi que vous raisonnez mal. Vos maisons périraient, dites-vous, si les choses s'y passaient ainsi. Je le crois. Chez vous on vit de travail, d'économie; mais à la cour on vit de faveur. Chez vous l'industrie du mari amène tous biens à la maison, où la femme dispose, ordonne, règle chaque chose. Dans le ménage de cour au contraire, la femme au-dehors s'évertue. C'est elle qui fait les bonnes affaires. Il lui faut des liaisons, des rapports, des amis, beaucoup d'amis. Sachez qu'il n'y a pas en France une seule famille noble, mais je dis noble de race et d'antique origine, qui ne doive sa fortune aux femmes; vous m'entendez. Les femmes ont fait les grandes maisons; ce n'est pas, comme vous croyez bien, en cousant les chemises de leurs époux ni en allaitant leurs enfans. Ce que nous appelons nous autres honnête femme, mère de famille, à quoi nous attachons tant de prix, trésor pour nous, serait la ruine du courtisan. Que voudriez-vous qu'il fît d'une dame *honesta*, sans amans, sans intrigues, qui, sous prétexte de vertu, claquemurée dans son ménage, s'attacherait à son mari ? Le pauvre homme verrait pleuvoir les graces autour de lui, et n'attraperait jamais rien. De la fortune des familles nobles il en paraît bien d'autres causes, telles que le pillage, les concussions, l'assassinat, les proscriptions, et surtout les confiscations. Mais qu'on y regarde, et on verra qu'aucun de ces moyens n'eût pu être mis en œuvre sans la faveur d'un grand obtenue par quelque femme. Car pour piller il faut avoir commandement, gouvernement, qui ne s'obtiennent que par les femmes, et ce n'était pas tout d'assassiner Jacques Cœur ou le maréchal d'Ancre, il fallait pour avoir leurs biens le bon plaisir, l'agrément du roi, c'est-à-dire, des femmes qui gouvernaient alors le roi ou son ministre. Les dépouilles des huguenots, des frondeurs, des traitants, autres faveurs, bienfaits qui coulaient, se répandaient par les mêmes canaux aussi purs que la source. Bref, comme il n'est, ne fut, ni ne sera jamais, pour nous autres vilains, qu'un moyen de fortune, c'est le travail ; pour la noblesse non plus il n'y en a qu'un, et c'est..... c'est la prostitution, puisqu'il faut, mes amis, l'appeler par son nom. Le vilain s'en aide par fois quand il se fait homme de cour, mais non avec tant de succès.

C'en est assez sur cette matière, et trop peut-être. Ne dites mot de tout cela dans vos familles ; ce ne sont pas des contes à faire à la veillée devant vos enfans. Histoires de cour et de courtisans, mauvais récits pour la jeunesse qui ne doit pas de nous apprendre jusqu'à quel point on peut mal vivre, ni même soupçonner au monde de pareilles mœurs. Voilà pourquoi je redoute une cour à Chambord. Qu'une fois ils entendent parler de cette honnête vie et d'un lieu, non loin d'ici, où l'on gagne gros à se divertir et ne rien faire, où, pour être riche à jamais, il ne faut que plaire un moment, chose que chacun croit facile en n'épargnant aucun moyen, à ces nouvelles, je vous demande qui les pourra tenir qu'ils n'aillent d'abord voir ce que c'est, et, l'ayant vu, adieu parens, adieu le champ qui paie si mal un labeur sans fin, rendant quelques gerbes au bout de l'an, pour tant de fatigues, de sueurs. On veut chaque mois toucher des gages, et non s'attendre à des moissons ; on veut servir, non travailler. De là, mes amis, tout ce qu'engendre oisiveté, plus féconde encore quand elle est compagne de servitude. La cour, centre de corruption, étend partout son influence ; il n'est nul qui ne s'en ressente, selon la distance où il se trouve. Les plus gâtés sont les plus proches ; et nous que la bonté du ciel fit naître à cent lieues de cette fange, nous irions payer pour l'avoir à notre porte ! A Dieu ne plaise !

C'est ce que me disait un bonhomme du pays, de Chambord même, que je vis dernièrement à Blois ; car, comme je lui demandai ce qu'on pensait chez lui de cette affaire, et que désiraient les habitans : Nous voudrions bien, me dit-il, avoir le prince, mais non la cour. Les princes, en général, sont bons, et n'était ce qui les entoure, il y aurait plaisir à demeurer près d'eux ; ce seraient les voisins du monde les meilleurs ; charitables, humains, secourables à tous, exempts des vices et des passions que produit l'envie de parvenir, comme ils n'ont point de fortune à faire. J'entends les princes qui sont nés princes ; quant aux autres, sans eux eût-on jamais deviné jusqu'où peut aller l'insolence ? nous en pouvons parler, habitans de Chambord. Mais ces princes enfin, quels qu'ils soient, d'ancienne ou de nouvelle date, par la grace de Dieu ou de quelqu'un, affables ou brutaux, nous ne les voyons guères ; nous voyons leurs valets, gentilshommes ou vilains, les uns pires que les autres, leurs carrosses qui nous écrasent, et leur gibier qui nous dévore. De tout temps le gibier nous fit la guerre. Une seule fois il fut vaincu, en mil sept cent quatre-vingt-neuf : nous le mangeâmes à notre tour. Maîtres alors de nos héritages, nous commencions à semer pour nous, quand le héros parut et fit venir d'Allemagne des parens ou alliés de nos ennemis morts dans la campagne de quatre-vingt-neuf. Vingt couples de cerfs arrivèrent, destinés à repeupler les bois et ravager les champs pour le plaisir d'un homme, et la guerre ainsi rallumée continue. Depuis lors nous sommes sur le qui vive, menacés chaque jour d'une nouvelle invasion des bêtes fauves, ayant à leur tête Marcellus ou Marcassus. Paris en saura des nouvelles, et devrait y penser au moins autant que nous. Paris fut bloqué huit cents ans par les bêtes fauves, et sa banlieue, si riche, si féconde aujourd'hui, ne produisait pas de quoi nourrir les gardes-de-chasse. Pour moi, je vous l'avoue, en de pareilles circonstances, songeant à tout cela, considérant mûrement, rappelant à ma mémoire ce que j'ai vu dans mon jeune âge, et qu'on parle de rétablir, je fais des vœux pour la bande noire, qui, selon moi, vaut bien la bande blanche, servant mieux l'état et le roi. Je prie Dieu qu'elle achète Chambord.

En effet, qu'elle l'achète six millions ; c'est le moins à cinq cents francs l'arpent : tel arpent de la futaie vaut dix fois plus ; que le tout soit revendu huit millions à trois ou quatre mille familles, comme nous avons vu dépecer tant de terres ici, et ailleurs. Je trouve à cela beaucoup et de grands avantages pour le public et pour un nombre infini de particuliers. Premièrement, acheteurs et vendeurs s'enrichissent, travaillent, cultivent au profit de tous et de chacun. L'état, le trésor, ou le roi, ou enfin qui vous voudrez, reçoit tant en impôts que droits de mutation, la valeur du fonds en vingt ans, huit millions; c'est par an quatre cent mille francs qu'on diminuera du budget quand le budget se pourra diminuer; nous, voisins de Chambord, nous y gagnerons sur tous. Plus de gibier qui détruise nos blés, plus de gardes qui nous tourmentent, plus de valetaille près nous, fainéante, corrompue, corruptrice, insolente; au lieu de tout cela une colonie heureuse, active, laborieuse, dont l'exemple autant que les travaux nous profiteront pour bien vivre; colonie qui ne coûte rien, ni transport, ni expédition, ni flotte, ni garnison, point de frais d'état-major ni de gouvernement, point de permission ni de protection à obtenir de l'Angleterre; c'est autre chose que le Sénégal. Et de fait, remarquez, me dit-il, que l'on envoie ici des missionnaires chez nous, et en Afrique des gens qui ont besoin de terre; double erreur : En Afrique, il faut des missionnaires; en France, des colonies. Là doivent aller ces bons pères, où ils auront à convertir payens, musulmans, idolâtres; ici doivent rester les colons où il y a tant à défricher, et où les domaines de la couronne sont encore tels que les trouva le roi Pharamond.

Cette pensée me plut; mais les gens de Chambord, comme vous voyez, ont peu d'envie de faire partie d'un apanage, croyant peut-être qu'il vaut mieux être à soi qu'au meilleur des princes, à part l'intérêt

que chacun y peut avoir personnellement; car il n'en
est pas un, je crois, qui n'achetât plus volontiers pour
lui-même un morceau de Chambord que le tout pour
les courtisans; ils aiment mieux d'ailleurs pour voisins de bons paysans comme eux, laboureurs, petits
propriétaires, qu'un grand, un protecteur, un prince;
et en tant qu'il nous touche, je suis de cet avis. Je
prie Dieu pour la bande noire qui, d'elle-même, doit
avoir Dieu favorable, car elle aide à l'accomplis-
sement de sa parole. Dieu dit : Croissez, multipliez,
remplissez la terre, c'est-à-dire cultivez-la bien; car,
sans cela, comment peupler? et la partagez; sans
cela comment cultiver? Or c'est à faire ce partage
d'accord, amiablement, sans noise, que s'emploie la
bande noire, bonne œuvre et sainte s'il en est.

Mais il y a des gens qui l'entendent autrement.
La terre, selon eux, n'est pas pour tous, et surtout
elle n'est pas pour les cultivateurs, appartenant de
droit divin à ceux qui ne la voient jamais et demeu-
rent à la cour. Ne vous y trompez pas; le monde fut
fait pour les nobles. La part qu'on nous en laisse est
pure concession, émanée de lieu haut, et partant
révocable. La petite propriété, octroyée seulement,
comme telle, peut être suspendue et le sera bientôt;
car nous en abusons ainsi que de la Charte. D'ailleurs, et c'est le point, la grande propriété est la seule
qui produise. On ne recueillera plus, on va mourir
de faim, si la terre se partage et que chacun en ait
ce qu'il peut labourer; au laboureur aussi cultivant

pour soi seul sans ferme ni censive, la terre ne rend rien. Il la paie bien cher; il achète l'arpent huit ou dix fois plus cher que le gros éligible qui place à deux et demi; c'est qu'il n'en tire rien. Si tant est qu'il laboure le petit propriétaire; la bêche, l'ignoble bêche, disent nos députés, deshonore le sol, bonne tout au plus à nourrir une famille, et quelle famille! en blouse, en guêtres, en sabots. Le pis, c'est que la terre morcelée, une fois dans les mains de la gent corvéable, n'en sort plus. Le paysan achète du monsieur, non celui-ci de l'autre, qui, ayant vendu cher, vendrait plus cher encore. L'honnête homme, bloqué chez lui par la petite propriété, ne peut acquérir aux environs, s'étendre, s'arrondir (il en coûterait trop) ni le château ravoir les champs qu'il a perdus. La grande propriété, une fois décomposée, ne se recompose plus. Un fief, une abbaye sont malaisés à refaire, et comme chaque jour les gens les mieux pensans, les plus mortels ennemis de la petite propriété, vendent pourtant leurs terres, alléchés par le prix, à l'arpent, à la perche, et en font les morceaux les plus petits qu'ils peuvent; la bêche gagne du terrain, la rustique famille bâtit et s'établit sans aller pour cela en Amérique, aux Indes; les grandes terres disparaissent, et le capitaliste, las d'espérer, de craindre ou la hausse ou la baisse, ne sait comment placer. Il y aurait moyen de se faire un domaine sans acheter en détail, ce serait de défricher. Mais diantre, il ne faut pas, et les lois s'y opposent, afin de conserver ; on en viendra là cependant si le morcellement continue : les landes, les bruyères périront. Quelle pitié! quel dommage ! O vous législateurs nommés par les préfets, prévenez ce malheur, faites des lois, empêchez que tout le monde ne vive! Otez la terre au laboureur, et le travail à l'artisan, par de bons priviléges, de bonnes corporations ; hâtez-vous, l'industrie, aux champs comme à la ville, envahit tout, chasse partout l'antique et noble barbarie ; on vous le dit, on vous le crie : que tardez-vous encore ? qui vous peut retenir ? peuple, patrie, honneur? lorsque vous voyez là emplois, argent, cordons, et le baron de Frimont.

COURIER.